Lewende Water

Philip Nel en Deo Volente
Digters

Samesteller Philip Nel
Voorbladfoto: Drienie Joubert Kelly

Geset in Franklin Gothic Book 11pt

Uitgegee en gedruk deur
Malherbe Uitgewers

Voorwoord

Lewende Water is 'n bundel waarin onse Hemelse Vader se lof besing word.

Die pragverse deur Sy kinders word hier keurig aan die leser voorgehou.

Hierdie bundel waarin van my en ander digters se hartswoorde in verskyn se doel is om 'n sagte rusplekkie in ons besige bestaan te bring - 'n plek waar ons bewus kan word van Sy grootse Almag en veral Sy liefde.

Philip en Jacqui Nel

Inhoud

©**Philip Nel**

Skadudans heling

Vannag fluister die skadu's teen die muur
dan dans hulle in somber donker lig
swaai hul heupe amper uitdagend

in fetus skans ervaar ek elke wink
voel die dans ingrypend deur my are

die stille fluistering word 'n melodie

daar daal 'n rustigheid oor my gemoed
soos 'n satynsag laken bedek dit my
nou kan ek herposisioneer vanuit fetale angs

dapper grootoog staar ek na skadu's teen die muur
die klanke is minder intimiderend
die heupswaai nie so uitdagend

vir 'n wyle is ek daar as toeskouer
sien ek myself bevryd' beskermd
met duister donker wat mank eenkant staan

as stille toeskouer sien ek alles
soos dit is vir eens in perspektief

voel ek veilig selfs verlig
in
die
palm
van
SY
hand

En die grootse is die liefde

My woorde wil lawa spu
my gedagtes vlamme vuur
my onderbewuste destruksie baar

maar my gees pik 'n traan

as Hy my tandekners momente
frommel en transformeer

liefde geduldig loer
om boeie en kettings te ontman

waar lewe suiwer ongekompliseerd
wag om ons doel op aarde
volkome te verwesenlik.

Want voorwaar Ek sê vir julle:
Wie nie die Liefde het nie,
het nie vir My nie.

Syne

Onse Heer sien jou
Hy hoor jou want jy
is in Sy serene skaduwee

Sy opregtheid oorspoel jou
Sy lewende lig voed jou
Sy nabyheid vertroos jou

vir nou en dae wat kom

want jy is 'n spesiale blom
 in sy t-u-i-n met
unieke kleur en aangename geur
Jy is

S
Y
N
E

Waardig is J-Y

Afgetakel net skelet
skadu van graniet
eens op 'n keer

nou koggel verlede
met sinisme beklee
bring byna vergete
verhale tot hede

dan grotesk in
G-o-d-s-g-e-w-e-l-f
w-a-a-r-d-i-g
i-s
j-y

wordend 'n besef
dat eiewaarde 'n
helderdou voorreg vanuit
serene Hemelse hand is

g-e-s-k-e-n-k
aan mensekind
om goeie saad
kragdadig te saai.

Steeds hoop

Die gekose skeppingswonder
boonste laag in hiërargie
om aardkors te omarm,

steier verbysterd
in voortvarende regverdiging
van 'n fatalistiese voorgee gesindheid,

waar allegorie as wapen
deur 'n uitgesoekte paar
'n kudde geblinddoektes
na donkerte lei,

terwyl die Lig steeds
helder soewerein heers,
waar Hy geduldig wag
sodat blindes kan sien,
dowes kan hoor

en ons harmonieus
as wagters oor Sy ryk,
ons doel kan dien.

Ankerloos

Sonder Hemelse anker
dobber ek lusteloos
die alleenheid knetter meedoënloos

maar in lewensteug moment
Sy stem wat eensklaps h-o-o-p bied:
'Ek sal jou nie alleen los nie!'

Heerser

Die saad van verleiding
beur donker doelgerig
om sodoende
sy doelwit te bereik.

In sy naarstigtelike stuiptrek
verraai hy onskuldiges
sonder anker
wat spartelend insigloos beur.

Máár steeds reddingsrealiteit
vir 'n moeë gees
dat Hy die Koning ,
die vyand reeds verslaan het,
soos geskryf staan:
'Sodat elke knie sal buig en elke tong sal bely
 dat Hy die Here is.'

Uitkoms

Volswanger wolke omarm ruim
in gehawende aardse korf

waar tenger dor asems
oënskynlik tevergeefs tuur

maar in Beheer 'n Heerser
wat weet wanneer om
op Sy tyd uitkoms te gee

en plof die slae
van haar in barensnood

op dordroë dale
soos deur Hom beskik.

Om dieper te kyk

Die gloed van vuur
oorspoel vroegoggend kim

ek staar verwonderd
na lentekleureprag
wat lag en dans
winkend galop
op onse Heer se
simfonies gedekte
 voorstoep

ek sien die kopknik
van grashalms in 'n bries
voel 'n amper heilige
boodskap in my menswees

ek juig in 'n seënreën
wat oral omheen sag
singend oor lewens daal

en wanneer ek terugkyk
sien ek Hom in sy glorie
oor bergrand waak

want dit is immers
Sy skeppingswerk

en ons slegs skepsels
vanuit Sy Vadershand.

Geskende Kind

rein in wit
 voorberei
 op Koningskoms

aan roofdier klou
my jeug verloor

 maar e/r/g/e/r

 'n T-E-M-P-E-L
van die Allerhoogste

o
 n
  t
   e
   e
   r

my bloed
jou hande.

Genade Groot

Sagteer Sy fluisterstem
wanneer Hy jou roep

jou by die naam ken
in alomteenwoordigheid

opnuut vry verkwik
met 'n lewensasem
onverdiend aan ons
mensekind geskenk

Hy onse Skeppergod
 en ons Sy
afhanklike brose spruite

hoe groot is U onbaatsugtige
onverdiende grote genade
 sommer net so
vir opraap en styf vashou!

Redding

In verhewe ruim
tower hemelwesens
klanke getoonset in kristal

wat weerklink deur poorte
van 'n ongerepte Koninkryk
bestem vir ons na aardse las

hier op aarde tref die note
'n vereensaamde loënaar

waar L -I -G oombliklik
duister triomfantlik o-o-r-w-i-n

en in die poorte van die Hemel
basuin 'n oorwinningslied

Heilig
 Heilig
 Heilig
is HY!

S-o-n-s-t-r-a-a-l-h-o-o-p-

verbly die gemoed
van 'n winterskind,
sy sku - skaam
a-l-l-e-e-n

waar sy stil - stom
die klipperpad na herstel
wankelrig dog doelgerig
dag - vir - dag
in geloof
aandurf.

Verby die seer

verby die rou seerplekke van gisters
die kwetswoorde met vlymskerp tande septiese wonde
wat hardnekkig bly klou

verby die getob en gewonder oor woorde
die rooigehuide oë met seermaaksplinters
sandkorrels soos rotse wat jou gees infiltreer

verby die onsekere wag op 'n onvoltooide onsekere
verhaal
waar die slothoofstuk jou bly ontwyk
die daglig halsstarrig weier om te breek

Ja verby... verby is jou swaarkry en smart
en môre ja môre bring hoop en vervulling

w
a
n
t

in simboliek die boodskap gebring

'n D-u - i-f met 'n lied wat nuwe lewe
in jou diepste oseaan laat ontkiem

heling bring en suiwer klanke baar
het in jou rooioog traanlewe

a
r
r
i
v
e
e
r

Kuberengel

In oggenduur duisel het U 'n engel
beveel om in kuber my te besoek,
een wie self deur loutering gaan

een wat nooit murmureer
te midde van haar hartseer
te midde van pyn aan die hand van
'n eiebelang egoïs

en ek ek kon weer kniel voor U
my twyfel bring meer nog
kon ek die doodsklok se lui
weereens vertraag.

Teersagte gesprek

Gisteraand toe ek wou slaap
en U my hand kom neem
my gefolterde gees kon seen

het ek geweet dat alles sal verander
en weet ek nog steeds
maar ek is mens en vandag twyfel ek
wanneer geweervuurwoorde
my snakkend laat snik
ek fetaal in 'n bondeltjie skuil

maar dan soos nou is U daar
en is dit U hande die spykerwonde
van Golgota wat ek voel wat ek proe

en wanneer die aanslae versag
versmelt my opstandige gees
en knielend breek ek die brood
drink die wyn teersag soet
word ek genesend gevul en gevoed.

Betowering

Die sagsmeul kontoere
van 'n heuwellandskap
kaats 'n vuurrooi gloed
waar dit passievol gloei

die bome dirigeer ekstaties
die koor wat melodieus opgewonde
strelende musiek om ons tower

en ek staar stom in U geheimenisse
wat 'n reeds buitengewone ervaring
met Hemelse prag kleur.

Josef - 'n Illustrasie van God se geregtigheid

Vasgevang in 'n donker kerker
met valshede opgedis
deur 'n Jesebelshart

was hy geduldig in sy wag
op 'n volmaakte Heelalheerser

Die Koning van g-e-r-e-g-t-i-g-h-e-i-d

wat sy naam sou herstel
en hom laat heers oor
ongeregtighede soos
reeds deur God beskik.

Onverdiend

So wyd U liefde Heer,
so diep U omgee Heer
U verdiep ,U verlig en verhef

U troef die sonde van my lewe
en ek, ek vertoef in U hart
U verwyl by my 'n oomblik
ongesiens en ongevraagd
U tob en wonder oor my
wat ongehoorsaam wei

Maar tog U liefde vir my
nikswerd sondemens
vir my versoening gebring
lewe kom skenk aan 'n
stomblinde soos ek.

Sy Laaste Dae

voor hoëpriester in vodde geklee
met strikvrae donderend gevuur
en bebloede gelaat ,'n wenende hart
steeds woorde in wysheid gebaar

al het niemand dit gesien
was die veldslag reeds beslis
en met tronkvoëls sy adjudante
op 'n kil skedelkrans
was Hy die trotse
veldheer in beheer

en vandag

sien ons U in die harte
van kruisdraers wat te midde
van las en pyn

saam met U

die ewige oorwinningsdans
met gekruisigde oë
en 'n sielelas , in verwagting
huppelend met oorgawe dans.

Lewensfontein

Ek gee om
o mensekind

jy wat
in 'n woestynlandskap
slenter

en jou siel
laat uitkalwer
en ontbloot

in dorre
lewenseisoene
verdwaal

dan ja dan
is E-K daar
vir jou

en sambreel
My liefde
spontaan
jou lewe

voed My stem

die verdorde
landskap

van jou gees

en doen jy aan

by My
lewensfontein.

Hemelse Verbintenis
(Opgedra aan Natalie en Johan le Roux)

Met Gerubs in geboë rus
voor Oppergesag Koninklik

is jul name voor Hom
die naam bo alle name
in purper as eenheid geweef

met engelesang is jul
v/e/r/b/i/n/t/e/n/i/s
eendragtig bekroon

waar die glans van Koningskap
die wêreld om julle in byna,
hemelse glans verhelder.

Valleie van die lewe

op jarelange reise
deur valleie
van die lewe

waar jaarringe
getuig van fases voltooi

en die E-e-n
in beheer
met kompas kopknik

deur blaargroen
lower loer

stil tevrede
in sagte ritsel
ons met vrede

in S-y rus

b

e

s

o

e

k

Die Reis

met oggendlig
vanuit amnionbeskut

beurbaan hy
as pasgeborene
op 'n weg
waar hy veg
om lewe
wat hom
simfonies
liefdevol omhels

doelgerig begeleidend
deur stadia van ontwikkeling

n
a
v
i
g
e
e
r
om terug te keer
in verheerlikte vorm

waar pyn en seer
roet en rommel
nie bestaan.

Bevry

[Opgedra aan Heléne Badenhorst, 'n plaaslike berader
wat goud is in my en ander se lewens.]

Gister met dieppraat raakvat
oor pleisterwonde van my gees

is heling gebring - ou verbande
van half geneesde wonde gehaal
wat oor jare heen nie wou genees

maar met Goddelike leiding het jy
in jou naaste bevrydingsroeping
my moedelose roep gehoor

biddend by Hom ons Geneesheer
om leiding en raad gesmeek

en nou

na Sy antwoord uit die skrif
is ou eina pleisters tot niet
vervang deur nuwe vlees in gees
en die bloedspoor vir satan

vir ewig verby

nou kan my binnetrane stop
roes van my gees nie meer
nee nooit ooit weer.

Anker van my bestaan

In die dor droëblaar
van my lewe
droom ek
van 'n songlans
wat oor
goudgedrapeerde heuweltoppe
dansend draal my
tot introspeksie dwing.

Wanneer die boek
van die lewe
my konfronteer,
genesing naarstigtelik wink
word Sy almag die

A
N
K
E
R

van my bestaan.

Ons praat die ander dag

toe ons praat die ander dag
oor daardie gevreesde woord
sou ek nooit kon raai dat ons
saam hierdeur sou gaan

nooit kon glo dat teaterligte grou
jou sou knou maar dan weer wie sien
die toekoms net ten dele so word voorspel
maar eendag ten volle ons verstaan

so vanaand met vrae wat woedend wurg
ons die een fase na die ander beleef
wou ek vra dat ons moet glo
in herstel van vlees maar wat dan wat van die gees

in sirkelvrae redenering skuifel ons voort
met 'n donker wolk ons metgesel
maar tog weet ek dat vorentoe
'n lig Ewig in SY skyn wat te midde van seerkry pyn

ook oor jou waak en al voel dit vaag
weet vanaand dat hierdie lig genesing bring
al is dit nie van wrede vingers soekend
na nog 'n prooi in onskuld mooi.

'n Druppel bloed

donker die dood wat
skoorsoekend dans
om straathoek waar
euwel homself verskans

tog in 'n druppel bloed
eens op 'n heuwel ver
is daar verlossing gebring
ook vir jou in newel verstik.

Woordwonde

Ek sien jou moedige laggie
wat wankelrig keer teen
hardnekkige woordwonde
wat toehand jou vreug wil steel.

Ek hoor die eina in jou stem
wanneer jy vertel van jou ly
die seerkryletsels van 'n gefolterde
gees wat weier om te genees.

Ek proe die bloed van jou sieleklank
integreer empaties jou verhaal
en bid dat die groot Geneesheer
spoedig aan jou deur sal klop.

©Adri van der Neut

Olyfboom

Simbool van vrede
uit vere verlede.
Dalk ook in die tuin van Eden,
net langs die vyeboom
met sonlig op blare wat
silwerkleurig vertoon.

In seisoen met wit bloeisels oortrek,
wat die grond soos sneeu bedek.
'n Duif het na die ark met 'n olyfblaartjie
teruggekeer,
na 'n paar keer se probeer.

Gerubs is uit olyfhout gesny,
vir die tempel, 'n pragstuk om te beny.
Onder die skadu van sy takke koepel,
het Jesus gebid sy oë met trane vertroebel,
vir die mensdom het Sy bloed op die grond gedrup,
vir Sy lyding min begrip.

Hy het in vlees opgestaan,
na Sy hemelwoning gegaan.
Een goeie dag sal Hy weer neerdaal,
met Sy voete op die Olyfberg kom staan.

©Andre Duvenhage

'Grace' Grace' roep hul uit...

Oseana soek na vryheid
probeer hul walle breek
hul grense is in skeppingstyd
deur YAHUSHA vasgesteek

So soek die mens na vryheid
en breek gereeld die wal
net om donderend en skreeuend
teen 'n afgrond af te val

YAHUSHA se reëls is die walle
maar die mens rebelleer daarteen
word deur die slang seer gepik
en probeer dan weer genade leen

Almal skree 'genade'
ek hoor die woordjie 'grace'
verskoning vir hul sonde
wat al hoër en hoër verreis
WAT is genade regtig?
'n lisensie om sonde te gaan pleeg?
of gegewe geestelike vermoë
om YAHUSHA se reëls na te streef

Die mensdom soek verskonings
om van YAHUSHA se reëls weg te vlug
Alhoewel SY juk so sag is
en SY las is baie lig
Steeds soek die mens na Vryheid
en breek gereeld die wal
net om donderend en skreeuend
teen 'n afgrond af te val.

'n Dollar vir 'n druppel

die prys van YAHUSHA se bloed
so verkoop hul 'salvation'
die gal van sonde is bitter soet

Nog 'n siel op die banke
nog 'n sot wat hul glo
Solank jy betaal my maat
is jou gees op pad na bo

Gaan maar aan met jou tradisies
verlustig jou in die afgode wat jy dien
YAHUSHA het mos blind geword
jou sonde kan HY nie meer sien

Ag hoe dom is die wêreld
hoe sotlik het die duiwel jou verblind
met leuens van 'n verdraaide waarheid
het ha'satan jou vasgebind

Maak oop die Bybel
wat langs jou bed bly lê
en kyk na die WOORD van YAHUSHA
en leer wat HY wil hê

Dit verskil so drasties
van die snert wat hulle aan jou verkoop
Soek die waarheid van die noue weg
DIT is die pad wat jy moet loop.

'n Koringaar vir Jesus

'n Koringaar vir JESUS 'n mieliekop vir GOD
so besluit ons elke dag maar ignoreer elke gebod
'n Koringaar vir JESUS en sakke vol vir my
HY kry die afskeepdeel want genoeg kan ek nie kry

'n Koringaar vir JESUS en nou moet HY my seën
Johannes 16 vers 23 daarvan wis ek geen
'n Koringaar vir JESUS 'n mieliekop vir GOD
elke dag word ek geseën maar satan deel my sop

My landerye gee ek vir Jesus my oes behoort aan GOD
die saad wat my woorde saai sal niemand ooit kan stop
In my eenvoud saai ek hierdie saad, alleen eet ek my sop
my landerye behoort aan Jesus my oes behoort aan GOD.

Aardse bestaan

Tyd sal kom en tyd sal gaan
wie sal die lewe ten volle verstaan
'n Kind word ons gebore oornag word ons oud
'n vlietende lewe geen aardse behoud

Wat is 'n mens anders as wasem teen 'n ruit
so vinnige en maklik vee die lewe jou uit
nou is jy hier en môre is jy heen
wie sal regtig oor jou heengaan ween

Wie gee tog om.... O die valsheid van die mens
soos die instink van 'n dier dit ken ook geen grens
mense gee voor tot hul kry wat hul soek
vervang mooie woordjies met satan se vloek
wat maak ek tog hier op die aarde se klip
ek wil wees waar JESUS aan GOD se regterhand sit.

© **Carla Jonkers**

Vir U, o Heer

ek lê my lewe neer
voor U
O Heer
gebroke en vol krake
my wonde oop
besmet met sonde
net U kan my heel
sonder oordeel
in U arms is ek veilig
beskut teen alles
wat oor die mag besit
om my swakheid te benut
tot voordeel van kwaad

Here, kom plant die saad
klein maar vol belofte
dor maar vol geloof
neem my lewe Heer
en laat my uitreik
na rustelose waters
waar U genade vir my hoof beskutting bied
waar U onvoorwaardelike liefde
soos waterstrome oor my giet
by U wil ek leer, o Heer
volgens U wil, my God
ek wil U eer.

©**Christa Diedericks**

By die Kruispad

Hier staan ek nou
by nog 'n doodloop
van al my hoop gesloop
waarheen dan nou?

My wese streef na voorspoed
maar die een deur na die ander klap toe
dan hiernatoe dan daarnatoe
moeg geswoeg, klaar is my moed.

Dan kom staan Hy by die Kruispad
Lig my oë op na Bo
"In My moet jy glo
Ek sal jou hand vat".

"Ek is in beheer
Ek weet waarnatoe jy op pad is
Ek sal die struikelblokke uit die pad wis
Ek ken jou pyn en hartseer".

By die Kruispad gee ek oor
in die duister
sal ek luister
en weer Sy stem hoor.

Wat is ware liefde?

Is dit die laatnag omgee boodskap
as jou hart in flarde lê na die verlies van 'n geliefde?
Is dit die bemoedigende drukkie
in 'n saal vol mense waar jy die skerwe probeer optel?

Is dit daai eerste kalwer liefde
wat ontluik in iets meer konkreet, dieper?
Waar twee mense trou aan mekaar beloof
en 'n lewe saam begin?

Of is ware liefde daar waar moeder en baba vir eerste
keer mekaar aanskou en vashou?
Of is dit wanneer 'n moeder haar kind probeer beskerm
teen die wêreld se seer?

Wat is ware liefde?
'n Vraag wat ek al dikwels oor gewonder het.
Waar die liefde als oorheersend is, alles vergewe
en altyd vrede nastreef?

Dis toe dat ek besef ...

Ware liefde is;
'n Redder vasgespyker aan 'n houtkruis, gemartel vir Sy
volk,
sy deurboor met 'n spies en in die laaste oomblikke roep
Hy uit "Vergewe hulle Vader, hulle weet nie wat hulle doen
nie".

Die liefde van God vir ons as mens,
onverdiend, tog omvou Hy ons elke dag met Sy liefde en
seën
Dit; is ware liefde.

My wens vir jou

Mag jy altyd God se guns ken
altyd jou naaste se hart wen
mag jou dae gevul wees met seën
en jou hart nooit ween

Mag jy altyd net lag
en opkyk na Bo vir nuwe krag
mag jy dans op gister se lied
of 'n ster sien verskiet

Mag jy nooit vergeet van al die seer
en die lesse wat jy daaruit moes leer
mag jy nooit ophou smag
na God se leiding en krag

My wens vir jou is eenvoudig
so maklik, vol wysheid en insig
mag jou voete nooit ophou dans
mag jy altyd weet die lewe bied jou nog 'n kans

En bo alles ...
Mag jy weet dat jy altyd geliefd is
dit is my wens vir jou
vir 'n môre vol liefde sonder berou
Ja dit is my wens vir jou,
gesalfde kind van die Hemelse Vader so getrou!

Genade

Op treinspore wil ek loop
met 'n hart vol van hoop.
Langs riviere wil ek sing,
hulde aan U bring.

My lewe... deurmekaar
maar U het my gespaar,
Die donker is nou weg
en ek hoef nie meer te veg.

My lewe kan ek leef
my sondelas het U vergeef.
U genade, O Grote God
hang als aan die grootste gebod

"Jy moet die Here jou God liefhê uit jou hele hart en uit
jou hele siel en uit jou hele verstand en uit jou hele krag.
Dit is die eerste gebod - Markus 12:30"

Volmaakte genade

Honger sluimer in die oë van ń kind
die wêreld staar teen rykdom blind
mense oormoeg en oorwerk tot die dood
steeds glimlag armoede deur siele van nood

Stukkie vir stukkie breek Hy die brood
uit Sy eie liggaam pleeg Hy die moord
giet Sy bloed as offer uit liefde se kelk
voed smeekgebede voor hul verwelk

Deur genade uit die Vader se hand
stil Hy die honger en heg hy die band
deur die gate in Sy lyf vloei genade en hoop
dit wat geen sjielings op aarde kan koop

Honger sluimer nie meer in die kind se oë
want sy kyke is gerig op die Voeder van bo
sy siel en liggaam is met heerlikheid gevul
smagting is nie meer vir hom ń bitter pil.

Tye vol genade

Toe die gordyne van die nuwe dag
ooptrek,
het die uitsig oor die heelal tot die engele verstom.
Uit die hemel se kombuis
is die môregloed gebak,
en ingelê in flesse van tyd,
het genade gestaan;
in rye op die spens se rak.

Seisoene van genade

Seisoene wissel tande en die lewe is op 'n drafstap,
elke sekonde word sorgvuldig afgetik,
sypel deur die uurglas tot net 'n lugleegte oorbly.

Wat word dan van die wat nie glo nie;
die spikkeltjiemens wat dryf op 'n eiland van ongeloof?
die wat die lug in hul longe tot môre wil preserveer,
dié wat vasklou aan lewe op 'n bedorwe aarde.
Kyk hoe dans die silwer in jul jare, maar jul siele is swart.
Kyk hoe kyk jul met leeggetapte oë.

Hý, die Messias, sal op Sy wit perd arriveer,
en Hy sal met hom saamvat,
dié wie se oë met Sy waarheid glinster,
dié wie se lig die onheil verdryf,
die wat hul asems in Sy naam uitdoof.

Lig dan tog jul fakkels na bo, en straal na Hom
met sonskyn uit jou hart,
maak jou los van twyfel se koue greep,
maak jul longe vol met die gees van die Vader,
en Sy genade sal jul na die seisoen toe dra.

©Eleen van Deventer Vorster

Grootte Heer

U is my grootte Heer
U vergewe al die einas en die seer
die wonde wat binne-in my bruis
bring volkome genesing op die kruis

Jesus het uit die graf opgestaan
en weer na die Hemel opgevaar
so dankbaar vir U in my lewe
U het al ons sondes vergewe

vir liefde wat in ons harte bruis
raas skare met 'n harde gebruis
kap spykers met 'n bruis
U het gesterf aan die kruis

op Golgota vir ons sondes gebid
ons aan die Vader se voete neergesit
ons name geskryf in die boek van die lewe
Almagtige Koning en Here waarna ek strewe.

Here ons het U nodig

Here ons het U altyd nodig
ons sondes is geweldig oorbodig
die lewe voel so kaal en verdwaal
wanneer gaan U die mensdom kom haal

Here red ons uit ons sondeskuld
dit voel kompleet of die lewe ons ietsie skuld
raak ons aan in murg en been
waar gaan ons mense nou weer heen

hierdie wêreld is net vir mekaar geleen
kan U ons asseblief help en ondersteun
uit die modder opgetel en staan weer op die been
Here daar is nêrens geen ander een.

Engele

Engele wat vreugde bring
Engele wat lofliedere sing
in hierdie verdoemende aarde
met U grootte genade

met ope arms in liefde omring
Groot wonders oor my gaan bring
beskermde engele staan in 'n kring
geloof wat ons harte deurdring

skenk ek aan U my hartseer saak
dit is nou al wat ons kan maak
engele wat altyd oor my waak
met liefde in 'n mooi gewaad

Here U het my innig lief
my enigste hartelief
met genade is ek op my knie
sonder my Koning kan ek nie.

Wysheid

Gee my wysheid as ek soek na goeie raad
gee my wysheid as die mense my verlaat
wees my genees heer as ek siek is
en as die mense my gees wil blus

as almal my weggooi en verlaat
wysheid as ek soek na goeie raad
my anker as stormwaters my wil meesleur
garing vaswerk as my lewe uitmekaar skeer

van al die verwerping en pyn
my sorge laat my trane wegkwyn
my eie kragte begin om te verdwyn
sal U die helder lig in die donker laat skyn

wees my blitse in my kragbron
die helderstrale van die môreson
môreskyn daar weer 'n nuwe son
ek sien die nuwe sonlig op die horison

U is al een wat my verstaan
U weet wat in my lewe aangaan
Sonder U liefde kan ek nie bestaan
U is my anker in my wentelbaan
My vriend wat altyd lang my staan.

Uit modder

Diep haal God my uit
onder dik slyk modder uit
ek is stukkend gebreek
my kop steek net-net bo uit

as die wrede wêreld my ook uitsmyt
soos menshonde my in die hakskeen wil byt
gevoellose mensdom jou veroordeel
en niks meer met jou wil deel

Kom die Here
Ons Almagtige Koning
en kom haal hy jou uit
die aarde se diepste hel uit

hou aan glo
en kyk na net op na bo
die Here is in die hemelhoog
en hou jou dop met sy oog.

Nag van vrees

Nag van vrees sal ek nooit vergeet!
my lewe was in 'n stywe greep
toegesluit net soos in 'n kluis
drie skelms is nou in my huis

net hier in my pikdonker gang
wag ek in angs soos 'n bakkop slang
gaan hulle my vermoor of vang
ek was so bitter bang

sweet tap van my voorkop af
my hande is morsaf gekap
vinnig soek ek iemand se steun
ek staan regop op die been

my lewe flits vinnig verby
wie gaan my nou bevry
God staan langs my sy
My Heiland kyk na my.

U is altyd

Deur U genade is ons gered
dit is al wat ons oorhet
dit is my enigste gebed
Ons harte is beset

U beskerm my
U is altyd naby my
U maak my lewe vry
U is altyd langs my sy

O liewe Heer
dit is wat my hele wese begeer
want U is altyd in beheer
wanneer my voete gly
dan kan ek my sondes bely

Ons kan net aan U liefde vashou
ewig aan U heilige mantel vasklou
so nederig toon ons innige berou
Almagtige Here U is altyd getrou.

Hou my styf vas Here

Here U maak my volkome vry
hou my styf vas Here as my voete gly
hou my styf vas dat ek in U wil sal bly
hou my styf vas dat ek my sondes sal bely

genees my Here as my hart aanhou bloei
troos my wanneer die trane vrylik vloei
hou my geselskap wanneer ek eensaam voel
gee my hoop as ek dink die lewe het geen doel

Here U het my volkome bevry
ek sal U naam vir ewig wil bely
my Heiland sal my vir ewig vergewe
my Koning sal in ewigheid lewe
verseker het my lewe 'n doel
ek kan nou U koninkryk vir ewig voel
ons harte strewe na U o Here.

Here U is my anker

Here U is my enigste anker
wanneer ek in my lewe wankel
soos 'n boot wat teen rotse bots
is U my ewige rots

sonder U genade is ek niks
verander my lewe in 'n blits
U vul my kompleet in my lewe
dis al waarna ek strewe

Here U droog al my trane
seën my met U grootste genade
ek het U nodig elke dag
veral deur die pik donker nag

gee my krag deur hierdie dag
in hierdie harde lewe van vandag
U gee my nuwe wilskrag
net U alleen kan dit vermag

ek wil vry wees elke slag
en weer soos altyd lekker lag
dit is waarna ek altyd smag
Here U liefde is altyd so sag.

©Emsa Haasbroek

Een ry spore

eensaam was my lewe
met net een ry spore
rigtingwysers was bedek
in die holte van 'n donker nag
soos 'n blinde lei ek myself
soekend na nog 'n ry spore

in die hoeke waar ek skuil
breek daar 'n stilte
staar net voor my uit
luister dan aandagtig na 'n stem
ek ken die pad van jou bestemming

my siel ontwaak in 'n nuwe môre
ek hou nie meer vas aan 'n droewige tyd
wat genadeloos verby gly
ek weet nou waarheen ek gaan

getroue hand het my kom red
stil het ek opgestaan
die stof van my klere afgeskud
geweet dat hoop tog bestaan

ek kyk terug op my lewe
onthou my eensame roepe
terwyl ek skuil in donker hoeke

was dit nie vir die boodskap van hoop
het ek nog in hoeke geskuil
mag die boodskap van hoop
nooit verby gly.

Treë sonder leiding

Dit was donker toe ek vertrek, rigtings self bepaal
daar was geen ander spore net my eie treë
ek sleep voort oor afval blare wat gestrooi lê oor ruwe
berge

paaie was nooit gelyk dit was steil tot bo
keuses was sonder wysheid en God se leiding
kruip weg agter ongehoorsaamheid
vlug na die stilte, God se stem wil ek hoor

slaan my oë met vertroue na bo
roep uit na die Gewer van lewe
kom red my uit die nood
gee my leiding waar om my treë te gee

my hand is klein in Syne
gehoorsaam volg ek nuwe rigtings
wyd oop lê God se poorte
ek betree dit met nuwe hoop
daar is 'n uitkoms met God se leiding.

© **Heléne Badenhorst**

As ek eendag groot is...

skilder ek ń uitspansel koepel
soos 'n massa wolk uitstalling! met skakerings van lig en
son
wolk en blou

laag, bo oor laag,
plek-plek
inmekaar gevou
wolkebanke
of veertjie-vreugde
verfkwas strepe
en prentjie beelde
vlak
en diep
grou en blou
wit deurspek met lig
of dons
of engelvere

Toekomsvreugde daarin gebou:

Want
HY
kom met die wolke van die hemel
en elke oog sal Hom aanskou.

Messias

Getsémané:
donkerste bloedsweet lankvoorspelde nag van geweld!

van mishandeling
Waar is die Wyse manne uit die Ooste nou,
wat aan Hom wou hulde bring?

Hoëpriester geïnspireerde,
barbaarse Romeinse
geseling:
brute haatspraak
teen Sy God-wees
in elke sweepslag,
wat die Lam se vlees
weer en weer en weer...
in helse foltering
met vernietigende venyn
vleis en spier en senuwee binnedring.

Golgotha-kruis:
drie ure
duisternis

terwyl die Bloedgraffiti op die Groot Geneesheer se
verskeurde lyf

menswees
korrupsie
met vergifnis
UITWIS

Hemelvaart ekstase! tragedie...
verskeurde harte baar
Geloof

Waarom staar julle so na die wolke
daarbo?
die Liefling van die hemel is weer tuis!

maar, gaan soek JULLE
die ongebore dissipels
wat
 in
 Hom
 sal
 glo.

Intimiteit

Intussen,
terwyl ons wag:
in verganklike fles van albaste,
my nardussalf-aanbidding
terwyl my hartsverwagting dors en honger, smagtend
uitkring...

die oomblikke van intimiteit:
'n fluistering
soos van 'n herfsblaar wat val, met sagte suising

of onverwagse rimpeling...
op glashelder poel,
doudruppels wat niemand kan hoor of tel...

'n somerwolk wat skadu bring

'n kleinkind
(wat nog die ewigheid onthou)
se ogies
onpeilbaar diep,
die glimlag sag
terwyl sy
van
Jesus
sing...

soos ek kniel,
hoor my hart die polsende krag-
harmonie van
Sy Opstanding

die aroma van my onuitspreeklike dank
vloei ineen met die nuanse van sy stem
se byna
onhoorbare klank.

Eindelik die vreugde!

Oogkontak met die Een wat LEEF!

Vermurwe in Sy liefde
neurie
ek Sy geur!!
my vrouwees-hart
 'n harp;
gereed,
ingestem,
vir die Meestermusikant
sê
"wanneer dan Here???"
T
E
R
U
G
K
E
E
R

Tabernakel

Hoe lyk my
binne-heiligdom
wanneer my Bruidegom Koning
na my Allerheiligste kom?

sal aanbidding
lofoffers
voldoende versiering wees?
'n hart wat juig en sidder
en vrees?

my Bloedgewaste
onvolmaaktheid
bring ek Hom..

om te herdenk:
bou ek
'n leë Kruis van gladde sederhout...
ná my reiniging
'n dankofferaltaar
oorgetrek met
suiwer
goud

dankbaar
vir die wierook
offerhande
en die mirre smart

op die ruwe kruis se
O N G E S K A A F D E
Olyf-
Denne-
Of
Seder
Hout?

Genade moment

M o m e n t e e l
H
A
N
G
die skuim van 'n arrogante brander
vir 'n oogwink
hoog en spierwitfraai

totdat swaartekragwet of wind
die sprokie-oomblik so
kru wegwaai

opeens
weet my hart wat
ek al lankal probeer raai:

hoe lank,
in tyd gemeet,
die ewigheidsoomblik
op Golgota
toe die Lam van God
in my
oë
kyk
terwyl Hy

BEWUSTELIK
tussen 'n Heilige God en
my inskuif
om
my
skande en sondesmet
te dra...

Mishoring

Visserskuit
op lewens oseaan
verdwerg
deur die ongemeenheid...
verdwaas
VERDWAAL
in die stik-digte mis!

dan skielik die morsekode sein
van die mishoring se saksofoon
wat penetreer deur my woestynpad duisternis

luister,
HOOR

die onmiskenbare basuingeklank
wanneer die wolkestadion
oopskeur
op berg
Sion...
en die Heerser Koning
in Sy bruidegom-majesteit
T
E
R
U
G
K
O
M
te midde van die troumars deur 'n engelekoor.

Broken roads

in my weakest moments
I felt so lost
crawling through the shadows
of my past
o, how long will this heaviness last?

every memory
is forever etched in my mind
because with every touch
you burned my soul
o, I'm broken beyond repair

but in my weeping
I searched for His face
between the shattered pieces
of my history
I found His grace
and my war song
became my victory
as I found the better parts of me
on my broken roads
that led me straight to You.

Hemelse Waterfors

as ek daagliks krag put
by Sy hemelse Waterfors
les Hy my dors
en versadig my siel
uit Sy kragtige stroom
dis hier waar ek pitkos kry
en genoeg manna vir elke dag.

Lewensredder

Sy hoop
anker my siel
as die storms
woedend om my bulder
en ek verdrink
tussen die lewensgolwe
waar Sy kalmte
my wese vul
terwyl die storm steeds slaan

my Lewensredder
trek my uit die donker dieptes
tot ek langs Hom
op die branders staan
en Hy fluister
"soms, my kind, maak ek die storm stil
maar soms net vir jou
dan laat ek die storm woed
sodat jy kan leer om net op My te vertrou."

Liefde se lig

ek het vir jou
'n stukkie van my hart
op die maan gelos

ek kom los vir jou my asem
die krag van my bestaan

dis in jou asem
waar my wingerde
swaar aan sy soet vrugte dra

met my wandeling in jou tuin
was ek verstom oor Sy lig
wat steeds deur jou skyn my lief

dis net met Vader se genade
wat my dag na dag dra, my skat
want uit die bitter donker
het Hy my gered

jy, gestuurde in my maan
flonkerend in jou skoonheid
my elke dag se krag

dankie dat ek onder jou volmaan
half stukkend-half heel
steeds lief kan hê
want liefling van my hart
jy's 'n geskenk uit die hemel
spesiaal aan my gegee

skitter in my skyn, o geliefde

waar ek in groter Lig
jou as kosbare kleinood
met tere omgee kan beklee.

©Philip Nel & Jessica Venter
29/04/2021
"Daarna sê die Here God: 'Dis nie goed dat die mens
alleen is nie. Ek sal vir hom 'n metgesel maak, een soos
hy." Genesis 2:18

©Kabous Albertyn

Hoekom verwerp jy my

Dis winter en baie koud
ek raak so benoud
buite lê ek en steun
somtyds slaap ek in die reën
my hande en voete is baie blou
mense verwerp my nou

Baie keer vra ek net 'n stukkie brood
maar die mense bly my verstoot
ek slaap buite en mense bly my tart
onthou ek het ook 'n hart
die trane loop oor my wange
ek het ook 'n groot verlange

My familie is nie meer daar
ek weet die aanmerkings sal nooit bedaar
gee my net ' 'n kombers teen die koue en die wind
julle liefde is daarvoor ook blind
ons kleredrag en uiterlike is vir julle nie na wense
by God is ons ook mense

Die lewe het my gefaal
my liefde vir God sal nie daal
eendag sal God my kom haal
die lewe op die aarde vir my maar vaal

God het almal lief
maar die mense behandel ons baie stief
Mense kan ons oordeel en vertrap
Maar by God het ons 'n goue hart.

(Hierdie gedig gaan aan al die hawelose persone wat
verwerp word met geen heenkome)

God hoor ons gesmeek

Ek hoor hoe val die kettings voor my neer
Here kom vir my en almal neer
die Here is vir ons almal goed
bly by die Here en hou moed

my God ek staan beskaam
vir my sonde dra ek die blaam
mense kom ons nader God
Hy is tog die een met die hoogste gebod

Here waar het ons as mens gefaal
ons het in die afgrond in gedwaal
Here ek weet U word nooit vir ons moeg
vir die mens se ewige geswoeg

kom ons bou 'n band met die Heer
mense moenie twyfel laat ons ons bekeer
die Here het ons lief
Hy behandel ons nooit stief

 my hart begin vir die mens te bloei
die trane oor my wange vloei
Here ek plaas my swakke hand in U sterke hand
U vergewe tog die hele land.

God roep na u

Wat is die moeilikste seer in die lewe
My lippe begin letterlik te bewe
Dink u nie dit is die dood van 'n familielid of kind
God wil hê ons moet die liefde bind
Die Here stuur sy engel om ons te kom haal
Maar ons bly op die aarde in Sy Liefde faal

God wil hê ons moet Hom eer
Want Hy is in beheer
Gaan dit met die mens goed vergeet ons die Heer
Gaan dit sleg wil die mens hom bekeer
Mense kom ons bid na God
Hy het tog die hoogste gebod

Kyk na die mensdom van vandag
Ons almal is in die duiwelse mag
Kom ons as mens gee God 'n kans in ons lewe
Dan sal Hy ons sonde als vergewe
My Heer ons roep na Jou
Die mens wil met U 'n toekoms bou.

©**Laantie le Roux**

Berg op

Mamre bome troon hoog
Abrahamsoog wentel om drie in 'n boog
onder skadu verdwyn 'n maal
Sara sal baar hierdie maal

bejaard in tyd klink vrae op
tentklap wip vou oop
als alles is moontlik vir God
laat staan twyfel

Sy belofte sal nie verydel
berg op vir offer sonder koffer
seun aan hand op na hoër land
Sarasgeloof anker intens
God is lief vir elke mens.

Rou

Juda se rou is klaar
iewers gaan liefde opgaar
iets nuut dalk prostituut
seëlring en kierie moes uit
tempelprostituut nêrens te vind

Tamar se hoof skaam gebuigbrokend
rou berou sonder verlies haar behoud
twee-twee opgeskryf
Godsgenade versterk verstyf
rou klipharte verander in sterblink goud
sonder seer van rou.

Weduwees

honger en dors is Moab verlaat
doodsangel kom sonder maat
weduwees treur in drievoud
reënseën daal neer

drie roubeklede weduwees vertrek
belaai met pyn rondom gesigte getrek
'n smeekgebed wou red
traangedrup plons in treur
een draai
ander gaan terugbeur

Orpa Rut en Naomi se paaie draaiswaai
familiebande word gesmee
dit voer liefde mee
Godsherstel bring lig
bitter maak plek vir seënreën
weduwees genees in siel en vlees.

Paleis Meisie

weeskind oë betrag Persië en Medië
Mordegai leef buite rykdom
ballinge vlugtelinge het hulle geword
sleg van lewe het omgord

twaalf maande lank mooi getooi
sou die koning haar weggooi
Joods is haar afkoms
moet sy swyg is daar uitkoms

Ester het sy haarself genoem
wees wys wees stil en weet wie is Heer
dis waarlik God wat als beheer
bid oor elke besluit

pondok huis paleis
Hy smyt niemand uit
Paleis meisie val in Sy Meesterplan.

By die put

Sigar bar warm sy stap
haar kruik troon hoog dis leeg getap
Jakob se put is vêr
dorslippig wei skape en blêr
minderwaardig haar lewenskruik
haar bestaan leeg opgebruik
soek soekende soek
sy is naamloos gesoek
dra haar kruik as Samaritaanse vrou
stil stiller stilste
daar is hoop
Jesus sit praat luister was skoon
sonder oordeel
sy vergeet wat was
skep nuwe lewenswater by die put
en vul haar kruik.

Geld

Nabal met baie geld
was geneig tot geweld
skaapwagtersharte was sag
Abigail se man se hart so hard
vrede wou sy maak konflik diep vertrap
vrygewigheid lojaliteit
vee wraaksugtigheid uit
wrange wraak bring ongesteldheid
vergifnis dienende hande smee bande
geldgierigheid roei lewe uit
wees sag liewe vrou
God bring wysheid oor geld.

Vlek

vuilbevlek as vrou in 'n donker plek
pynsirkels kring om haar uit
rooi tap bloed takel af
geanker in hoop versterkte hart
haar vingers omvou Sy soom
God sien haar hart
haar eensaamheid verdwyn
sy voel vry onbevlek sonder pyn
glo vertrou God sal haar behou
lewende water verander haar bloed in lig
nie net vir nou.

Diens

vrou van Gusa vind haar doel
gee vir ander uit haar poel
water en kos versorg onbesorg
diensbaar vir ander
lê status neer dit verneder
vrou van Gusa kyk weg van glinster
lag doen haar werk
man van Galilea kon sy voed
sonder vrees en net wees
in diens van God.

©Leonita Coutts

Onvolmaak

Onner 'n sekelmaan
stort ek 'n traan
vir hierdie gebroke wêreld …

en in ons verganklikheid as mens
is dit ironies dat dít wat ons kan vermag
deur die genade en krag
vanaf 'n hoër mag,
verlore gaan deur ons
oneindige en onstilbare honger
vir die welbehae
van dié wat ons oordeel,
ongesiens en heimlik …
verbloem as omgee,
en dít wat ons kan doen
om te verhef en te versoen
word ongewens bederf …
deur ons onvolmaaktheid
as mens.

Stiltetyd

Die stilte breek oor my
soos branders, koel.
En ek verloor myself daarin ...
verwelkom dit,
laat dit oor my spoel
want die soele stilte
laat my weer rustig voel.

Tyd om te dink
en om te besin
oor vandag, gister
en dit wat vrede bring.
Seëninge, verlore dae ...
nostalgies, soms met heimwee
oor onbeantwoorde vrae
en of dit waarde dra.

En in die stilte,
na elke storm,
vind ek myself ...
soos by stille waters
waar daar rus is
en wat my siel verkwik.
Sodat ek môre
oor nuwe krag sal beskik
om weer te probeer.

Vir jou...

Ek skryf die een vir jou ...
sit dit in jou Bybel, sodat jy onthou.
Uniek en enig in jou soort,
volmaak geskape, soos dit hoort.

Jy is kosbaar, meer werd as goud ...
baie wat jou lief het, al voel jy somtyds koud.
Hierdie paadjie voor jou, voel donker en alleen...
Dit is nié so, jy kan dit glo, jy het alreeds Sy seën.

Mag goedheid en guns altyd by jou bly ...
so lewe volheid en lewe vry!
Moet nooit terugkyk na die dae van gister.
Fokus altyd voor jou, dit maak jou sorge ligter.

Danksegging

Ek groet hierdie dag
met vele danksegging ...
vir genade en krag,
seëninge ontvang ... ontelbaar.
Dit wat vrede bring
in hart en siel
en my gees laat sing.
Wil ek voor U kniel
lofprysing bring
vir dit wat ek nie verdien.

Want in my onsekerheid
en oneindige imperfeksie
dra U onsigbare hande my,
voel ek veilig ... amper heilig,
ek is vry...

©**Linda Ferreira**

Die Hemel is ons Woning

Hoor die eng'le kore!
Tesame met herders
en mense jubel en juig hulle...
Die Christus is gebore!

Hul buig en juig om God se hemeltroon.
Die ganse hemel en aarde eggo en antwoord,
die Hemelkoning het uiteindelik gekom!

Was jy eens alleen en verlore?
Kind van God beskou jou pleidooi dan vir altyd verhore,
deur geloof in Hom is daar vir jou 'n ereplek saam
met Hom beskore,
want jy is wedergebore,
en in die Hemel sal jy woon,
'n uitverkore omstander by God's troon.

Die Koms van die Hemelkoning

Het jy ook die hemelse Ster gesien, hom gevolg?
Hy het gekom uit die ooste, so sê hulle,
by Betlehem klein het dit tot stilstand gekom,
en stilsag oor 'n nederige stal gaan hang.

Ons het Hóm toe in doeke toegedraai in 'n krip gevind,
die lankbeloofde Jesuskind,
ons lankverwagte Hemelkoning,
die Christus, ons Verlosser.

Saam met herders en engelekore,
met stemme wat juig en sing oor sterverligte
velde heen,
het ons die blye boodskap verkondig,
ons Messias, ons Redder het gekom.

Gloria in Excelsis Deo,
Glorie in die hoogste hemele,
vir ons is die Christuskind gebore.
En nou is ons nooit weer verlore.

Moeder van Jesus

Sy het opgekyk en die ligglans gesien,
die heilige heerlikheid het die engel omgewe
en sy, Maria, het van oorstelptheid gebewe.

Knielend het sy gevra: "Wie is ek dan, o, engel van God,
dat u my hier op aarde kom besoek?"
'n Eenvoudige maagd uit Nasaret,
uitgekies vir die Vader se grootste versoek,
om draer te wees van die Verlosser,
ons mensdom se Redder.

Ek, Maria, nooi van Nasaret,
die timmerman, Josef, se verloofde,
stel myself bereid om moeder te wees
van die Beloofde.

Maak met my soos U goeddink, my Heer,
laat ek hierdeur meer van U, my Vader, se weë leer,
vorm my dan alleen tot U glorie en eer.

Nou hef ek my loflied tot U,
Almagtige Vader,
Beskikker van my deel en lot,
gebruik my dan ten volle tot eer van die koninkryk van
God.
En as dit U wil is, o Heer,
my nederige gebed...
laat deur Hom die hele mensdom se sonde
vir ewig en vir altyd wyk.

Om deur Liefde te Leef.
In my droom nader ek die Meester van
Hemel en Aarde,
op my knieë met my hoof voor Hom gebuig,
vra ek in ontsag,
"Heer, hoe moet ek deur liefde leef?"

Sag kom sy antwoord, soos een wat uit ervaring
met my deel,
"My kind, dit is om te gee en nog te gee,
al is jou kruik ook dolleeg;
om op te offer en nogmaals op te offer al het jy niks
meer om te offer nie;
om te vergeef sewentig maal sewe keer en dan
weer nóg soveel keer;
om jouself te offer in 'n ander se plek tot jy jouself
ten volle geoffer het,
om die ekstra duisend myl snuif te trap,
nie te skroom om nog 'n duisend myl daarná te stap;
om jouself te kruisig, tot niks meer van jouself
oorbly nie en jy...
gestroop van eiewaan,
alleen voor God bly staan.

"Dit, my kind, is om deur die liefde te leef,
want alles sal vergaan,
maar steeds sal die liefde bly staan."

©**Linda Rossouw**

Grootheid

Ek kyk op na die groot hemelruim daarbo
Hier waar ek staan, is ek 'n sandkorreltjie
klein
nietig
nikswerd...
sonder my God!

Hoe groot is dit nie daarbo nie!
Hoe min is ek hier op aarde?
Ons moes oppas, bewerk, sorg
Ons het vernietig, vermors, verbrou!

Die aarde treur...
Die mensdom verskeur!
Wat kan nog hier gebeur?

Hou jou oë op God gerig!
Hy is ons Verlosser!
Hy is ons Sterkte!
Hy is ons Ewige Vader!

O Heer

O Heer my God
U wat my pad voor my oopmaak...

mooi paaie
innige paaie
ver paaie

U het my nog altyd gelei...
Waar opdraandes was,
het 'n afdraande gewag!
Waar daar klippe was,
kon ek omry!
Waar daar gate was,
kon ek nog altyd oorkom!

Skielik is ek by 'n doodloop?
Waarheen nou?
Omdraai is nie 'n opsie!
Vorentoe?
Geeneen sal weet waar dit is nie!

Ek sal my oë gerig hou op U!
U, o Heer, U alleen sal weet!

Fluisteringe

Ek hoor die wind se fluistering...
Wat wil jy sê?

Ek sien die blare goedgunstiglik hul koppe knik...
Wat weet hulle wat ek nie weet nie?

Ek voel die druppels huppel op my gesig...
Hoekom so vrolik?

Die reuk van bosgeure waai voor my verby...
Vir wie wil hul iets sê?

Sag, baie sag kom lê die woorde op my lippe...
Ek kan dit proe!

Die veld juig...
Daar is weer groei...

Groot, groot druppels spat op die stof...
Dit spring huppelend hoog...

Stadig, baie stadig vorm dit poeletjies...
'n Geitjie jaag om 'n slukkie water te proe...

Die Bloukopkoggelmander skud sy lyf en verdwyn in sy
gleuf!
Die Lyster skud haar vere reg op haar nes!

Daar's lewe - hoor die fluistering!
Daar is lewe!

U is my anker

My sit en my opstaan,
my elke dag se lewe ~
Is aan U vasgebind!

My seer en my hartseer,
wil ek aan U anker ~
Anders bly ek nie staande!

O Heer, maar my liefde en vreugdes,
moet ek ook aan U bind ~
Sonder U, bly ek niks!

Ek is tevrede

Hy het my my lewenskaarte gedeel.
Dit was geensins sleg!
Hy het my deur alles bygestaan.
Hy het my gedra waar ek nie meer kon nie.
Ek het 'n goeie lewe gehad.
Ek is tevrede.

Die Troon Van God

Die Water Van Die Lewe...

het die
wêreld se
uitnodigings
jou gees
finaal gedemp

is jou honger
na My versadig
is jou ego gekrenk

soek My aangesig
kom drink uit My fontein
van LEWENDE water
kom sit aan MY tafel
kom eet verniet

soos 'n wildsbok
wat smag na waterstrome
so smag my siel na U !
laat my drink uit U fontein
laat my aansit by U tafel

maak my
deel van U verbond
U liggaam gebreek vir my
U bloed gevloei vir my

Dankie Jesus !

U is so waardig
laat my nooit
U weë verlaat
dankie Jesus vir U bloed
U liggaam verbrysel
vir my oortredinge...

VADER waar is U ?

hoor U
my pleidooi
hoor U my smeke
in middernag uur

wanneer is
dit die einde
van my pad
van kommer
oor onsekere roetes

ek skarrel
deur moerasse
van eie gedagtes
warrelende tolbos emosies dag ná dag

VADER antwoord my :

hier is Ek my kind
Ek sal jou
nooit
begewe
of verlaat

Ek't jou by
jou naam geroep
jy is Myne
in moeilikste ure
het Ek jou gedra
jy was so besig
om planne te beraam
vanoggend

vir jou 'n
asemrowende sonsopkoms gebring
oor jou voorkop gestreel
gehoop jy sou
met My gesels:
jy't nie nódig
om jou laste
alleen te dra
jy kan My vertrou
met elke pyn
met elke pleidooi
Ek is
so lief vir jou
kosbare kind

'n prys duur aan die kruis
tog was dit die pyn werd
bring álles na My toe

Ek bring hoop
en lig in jou donkerste uur
hou vas My hand
moenie wegdraai
van my
bly in My
soek My met álles in jou
jy is Myne niemand
sal jou uit My hand
kan ruk nie
glo jy My My kind?

©Madelein Venter

Storm

Weer 'n storm
nog 'n keer
groter branders
dieper seer.

Donker tree aan
winde skree
dieptes sak weg
in die see

van die mensdom
met die stank
wat uit hulle
harte rank.

Dan hoor ek
'n stem so stil
harder as
die hele spul:

Bedaar

Golwe val plat
donker vlug
ranke verdor
winde sug.

Die Een wat
in my, om my praat
het die storm
stil kom maak.

105

Ontkiem

in die grond gelê en vrot
op die roepstem draai my lot
baklei teen slik en modder tot
ranke uitsprei en ek bot
bloeisels
vrugte
vir my God.

Gee

jou dink, jou praat, jou doen
gee
jou kop, jou mond, jou roem
gee
jou droom, jou plan, jou vrees
gee
jou beste, gee jou gees

elke druppel wat jy huil
selfs die mure
waar jy skuil

elke keer wat jy verloor
selfs die onkruid
wat jou smoor

sit jou las neer by Sy troon
neem in ruil
die vredeskroon.

Hier by die water

kom kry – dis verniet
ja, kom proe hierdie brood
jou geld is vermors
wat jy nóú eet maak dood

kom drink, les jou dors
hier is melk ook en wyn
die droogte is lank
en wat is sal verdwyn

kom eet hierdie woorde
dis voedsame kos
versadig jou strewe
bevredig jou dors

kom luister
gee aandag
skuif nader
en spits

jou ore
moet hoor
vir jou siel
om te weet

dis tyd om te eet.

(n.a.v. Jes. 55:1-3)

©Manie Meyer

Gesprek met die Meester

Askies tog... verskoon my... is U dáár, Meester?
Ag, ek is jammer om te pla, maar sien die saak staan so:
Eintlik weet ek nie vir wie om te vra nie, ek is nooit geleer,
maar vandag toe hoor ek mense sing met hande na bo...

Meester, ek hoop U luister, want sien dit was vir my mooi,
veral toe die man wat voor staan, dankie sê vir daaglikse
brood.
Maar ai, toe ek nader gaan en myne vra, word die gesigte
rooi
en word ek weggeja met: "Loop, die plek is nie vir jou
soort!"
Maar sien Meester...asseblief, geduld... ek wil graag vra,
want sien die saak staan eintlik so:
Daar het iets gebeur wat my bang maak:
ek sien niemand, maar ek word gedra!

Askies Meester...ek weet ek is oud, ek wil U nie steur
maar ai, die benoud was gróót, en toe skielik hoor ek my
naam
en ek word nog gedra; ek is lám, kan nie hardloop!
Mééster, U moes daar gewees het, ek se U, ek kan nie
verstaan.
Hier waar ek kniel, lê die skrik nog vlak; ek lus nie eers 'n
sóóp!
Ek vra nóg bietjie, luister asseblief Meester, sê my gou,
wie het my op my kindernaam geroep en rondgedra?
"As jy maar net gewéét het dat dit Ek was, en dat Ek vir
jou

iets groots beplan, maar Ek wag geduldig tot jy na Mý vra.”

Meester hóór gou, toe ons kinders was, en ons is bang
dan kruip ons agter ons toe oë weg en sê:
"Liewe Jesus, ek is klein, maak my hartjie rein."
Vándag het ek dáárna verlang.
Dit was vergete dae terug; werk nie meer só as mens
groot is.
O ja, nóg iets Meester, miskien moet ek vra, U weet dalk
beter.
Is my kindertyd se Liewe Jesus nou groot, is dit dalk U,
Meester?

Triomf!

Triomfantelik Sy laaste woorde: "Dit is volbring…"
En vir elkeen wat in Hom glo, 'n nuwe begin!
Die einde van Sy menswees-verhaal
waar Hy finaal die oorwinning behaal.

Sy hande teen die houtkruis vasgekap.
Sy voete geen plek om vas te trap.
En ons aanbid Hom met hande omhoog
en voete wat dans as ons Hom verhoog.
Mense het Hom verneder met 'n doringkroon,
maar met die Ewige Lewe word ons beloon.
Sy liggaam stukkend, gebroke en vol sonde
sodat ons genees is, héél is, sonder wonde.

Met gebarste lippe moes Hy die asyn drink
sodat óns beker kan oorloop, vol geskink.
Sy dowwe oë kon net redding sien
en ons oë, die waarheid, as ons Hom dien.

So het Hy aan die kruis gesterf
sodat ons volkome gered is van verderf.
Daar het Hy gehang totdat Hy dood is
en daardeur met Sy lewe, óns vrygekoop is.

Maar daar moes ook opstanding wees
sodat Jesus weer kon lewe in die Gees.
Triomfantelik is ons woorde: "Jesus lewe!"
En daarmee het Hy al ons sondes vergewe!

As jy

As jy die reënboog sien in elke druppel dou,
die spinnerak-kunswerk waaraan dit hang.
As die oggendmis alles geheimvol toevou
en met nat kleefhande die stilte vang.

As jy die stilte hoor in die arend se vlug
waar dit spikkelhang teen die hemelblou.
As jy die eindelose stilte wat hang in die lug
aanvoel as dit teen jou menswees klou.

As jy dans kan sien in dooie blare wat val,
die groei kan hoor in elke lewende tak.
As jy die wind kan sien huppel oor berg en dal,
kan hoor hoe die son in die skemer sak.

As jy die kleure verstaan in 'n pou se stert,
die perfekte lyne oor 'n zebra se lyf.
As jy vryheid voel in die sprong van 'n hert,
kan hoor hoe 'n swaan in die water dryf.

As jy sien hoe druppels afgly teen die ruit
en kunstig spoortjies skilder in die stof.
As jy kan meet die uitspansel se tydlose tyd
en hoor hoe daglig sterre se glans verdof.

As jy die wonder van dit alles kan beleef,
die volmaaktheid van God daarin kan sien,
sal jy verseker nooit kan twyfel dat Hy leef
en ook dáárin Hom alleen wil dien.

Spore!

Soms wanneer ek tot rus kom en dit stil word binne my,
dan sny my gedagtes spoor op my lewenspad.
By elke spoor van leegheid staan ek stil.
Elke oomblik wil ek herleef, soekend na Sy wil,
om maar net weer te besef ek is besig om myself te
kasty.
Hierdie spoor móét ek los en liewer vermy!
Die spoor is vlak en leeg en gans te krom.
Hou áán met soek, die dieper spoor, soek dáár na Hom.

So jaag my gedagtes spoorlangs opsoek na dáárdie spoor
totdat ek blindelings daaroor struikel en val, en wéér
opstaan,
en met nederige eerbied en verwondering langs dit kniel.
Met blye verwagting ondersoek ek dit, kós vir my siel!
Die spoor van genade lê diep in die grond getrap
en aan die agterkant, die hak van liefde nóg dieper
ingekap.
Met 'n warm gevoel van innerlike vrede word dit in my stil,
en ek wéét dat hierdie spoor op my pad, dít is God se wil!

Dan trek die spoor my af en nederig buig ek neer
en kyk hoe die spoor met my praat en my leer.
En ek weet dat toe God hierdie spoor so diep in my lewe
trap,
was Hy besig om my ook in sy arms te dra en te stap
na die kruisdood wat op Hom wag dáár op Golgota!
Vlak leë spore vir altyd verby, net die diep spoor soos Hy
dra
aan die sondelas van my eens gebroke menselewe,
wat Hy kom heelmaak het, en álles my vergewe!

Pappa

Pappa, vandag is my kruis te swaar om te dra,
en daar's niemand anders vir wie ek kan vra,
behalwe vir U, o Heer
U ken mos my seer...

Pappa, my gisters is vandag te na aan my
en daar's niemand anders wat my kan bevry,
behalwe U, o Vader,
want U is nader...

Pappa, die skaafplekke hierbinne is ekstra seer
en niemand anders kan dit heel soos U, o Heer.
So kan ek vra,
dat U dit sal dra?

Pappa, hierdie wêreld word té veel vir my,
té veel einas, ek wil nie meer hier bly.
Ek soek 'n ander woning
waar U is, mý Koning...

Pappa, hier is my gisters, my seer en kruis.
Kom vat dit, neem dit weg en maak U tuis
hierbinne my...
maak my vir ewig vry!

Nuwe Mens

Verslete liggaam krom gebuk
met innerlike diepe snik,
wat glad nie kan verstaan
dat elke nuwe traan
die vrug is van genade,
en nie jou sinnelose dade.

Die moeë oë vertel 'n eie storie
van vergange glorie.
Waar rowe nog wonde was
en wonde net einas,
en einas net die smart
wat jy kon wegsteek in jou hart.

Krom hande wat ewig bewe
wat kon vashou en vergewe
wat kon aanraak
wat kon saakmaak
wat kon liefkoos en bemin
was leeg met niks daarin.

Elke plooi en lyn op jou gesig
vertel 'n detail pyngedig
van jare se swaarkry en seer
en hoe jy uiteindelik moes leer
dat die lewe het eintlik geen sin
sonder Jesus daarin.

Die merke wat die lewe los
vergeet dit, jy's verlos!
Niks maak meer saak
jy's vry gemaak.
Jy's 'n nuwe mens
God se gróótste wens!

Jesusmense

My oë die regter wat my gewete verkla
as ek vinnig wegkyk van dit wat my pla.
Drie Jesusmense, stukkend, verlore, verslae...
wat maar net sonder vrae die lewe verdra.
Dan hoor ek hoe die seer in Vroulief se stem
deur my sny, en verwytend my hart omklem.
"Liefie hulle eet dan net droë brood!"
en met skaamte besef ek hul diepe nood.

Dis maar karig wat ek hul aanbied om te eet,
as vuil hande dit dankbaar vat en ek weet
dat ons almal, elke mens, elke soort,
selfs hiérdie mense ook aan God behoort.

Ek verloor myself en gryp growwe hande vas
en pleit en smeek by God om ook hulle las
en al die stukkend te genees...ál die seer
as ek hul saggies neerlê by die voete van my Heer.

Growwe hande bewe as ek snikke hoor
en die trane op my wange los 'n papnat spoor.
Hoe heerlik warm is die Gees se nabyheid.
God is liefde, Hy red, Hy sal hul nie wegsmyt!

"Baie dankie meneer, ook hier waar ons sit
het niemand nog ooit vir ons gebid!"
"Die swaarkry en honger kan ons hanteer,
maar die leegheid hier binne, dít maak seer."

Koue rillings brand af teen my rug
as ek omdraai om van hier af weg te vlug!
Hoe is dit moontlik dat ek dit nie weet,

ons wat het, hóé kan ons so maklik vergeet!

"Dankie Vader dat U my vandag geleer het
dat U Jesusmense ook lief het, ook wil red.
Die honger wat hul vir U het o Heer, dit wil U stil,
U gebruik ons, ja selfs vir my, dit is hoe U wil."

"Ek stel myself eerbiedig diensbaar Vader.
Deur U genade, maak van my 'n dader.
Help my om die nood van elke Jesusmens
deur U oë raak te sien, dít is my grootste wens!"

Houtkruis

Ek lê hier in die donker in die stof van Golgota.
My dwarsbalk óópgekraak en bloed besmeer.
Ek die houtkruis wat 'n Koning moes dra
soos wat die skrywe hier bo-op my beweer.

Ek voel nog Sy seer deur my houtbalke dring
toe Hy met stukkende gebroke liggaam
swig onder my gewig en soldate Hom dwing
en mense gil: "Kruisig Hom!" eendragtig saam.

Ek hoor die wrede spykers deur Sy hande sny
en my dwarsbalk laat kraak en skeur
en trillend die seer en pyn sy liggaam kasty
en Sy warm bloed my balk se kraak verkleur.

Dan het Sy liggaam warm teen my balk gedruk
en kon ek vir 'n wyle Sy pyn myne maak.
Dan maar weer krampagtig vooroor rúk
as Sy pyn my dwarsbalk dieper kraak.

Skielik het duisternis deur die lig gebreek.
"My God, my God, waarom het U mý verlaat!"
het Hy met 'n groot stem na bo gesmeek.
Skokkend die besef, ménse gaan hierby baat!

Van die skare slaan op hul borste en treur:
"Waarlik hierdie Man was geregverdig!"
Kragtig het die aarde gesidder en oopgeskeur
en Hy wat aan my hang gee 'n laaste sug!

Gekraakte houtkruis jý was eens vervloek,
en nou as teken herinner jy die hele mensdom
dat almal, elkeen wat na redding soek,
deur na jou te kyk, dít kan kry by Hom!

As Vader praat!

As bloekomblare baljaar in die wind
en takke kan nie hul danspassies vind.
As vinknessies skoppelmaai aan 'n wilgetak;
kraaie oopbek in die wind na asem snak.

As afdraande vir die slak opdraande word,
en toktokkie rugkant lê op die grond.
As graslote strepies trek in die pad;
meerkat regop staan voor sy gat.

As zebras boude wys teen die wind
en die bliksemstrale die omgewing verblind.
As dierehoewe stoftrap in die sand,
met neusvleuels soos 'n oopgesperde hand.

As eerste swaar druppels op die aarde val
en wolke rommel met 'n donderknal!
As meerkat omvlieg terug in sy gat
en spiertjies tril teen die koedoe se blad.

Dán praat Vader met Sy skepping in krag;
bewys aan mens en dier Sy grote mag.
Dán word die hemele oopgesluit
en stort Vader Sy genade oor alles uit!

Onverdiende guns

Jy o gebroke mens
wat bestaansreg soek in stinkende rommel,
wat soek na wie weet wat, onbegrens
jou besittings in 'n koerant toegefrommel

Jy o stukkende wese
wat hoopvol krap in elke stukkie gemors,
wat soms moedeloos gaan sit, heel verwese
uitgeput, lewensmoeg jou tyd vermors...

Jy o vernielde siel
wat alreeds diep in jou hart opgegee het,
wat nie meer omgee oor al die verniel
nie eens weet dat Iemand Sy lewe vir jou gegee het

Jy o verlore mensekind
uitgeworpene van die mens se eie waan.
Op vullishope sal jy soek maar nooit nie vind
as jy nie weet dat jou Redder wel bestaan...

Dis vir jou wat ek moet liefhê soos myself
Dit is jou verslete skoene wat ek vandag moet dra
Dis oor jou wat ek hier diep binne my moet delf
Dis oor jou dat ek voor God askies moet vra
Dit is jy wat my laat sien wat Jesus sien
Dit is jy wat Sy verlossing en genade;
Ja dit is jy wat dit verdien...!

©**Mari Bickerton**

Rus

Soms lê ek op my rug
kyk na die vorms in die lug
lewers, HOOG daarbo,
dit waarin ek destyds kon glo;
agter wit spookasem het ek
'n kind
DIT van lank terug,weer gevind.

Dit is so sneeuskoon
in die land waar my kindwees woon,
'n wit roomys, 'n droomkasteel,
'n land van lafwees en nooit verveel
'n stadiggebore ysberg
'n lam, 'n skip, 'n boggeldwerg...

Kan nie help om aan U te dink,
want tussen lammers se lafrinkink
sien ek 'n kind, hande omhoog
EEN raak met die blom, die skaap, die reënboog...

Dan weet ek Heer,waar my rus lê,
voel ek deel van U werk,
want u het gesê:
'EK IS!'

Beloofde land

O Jesus, ontmoet my by die krip
waar U, 'n baba, lê
openbaar aan my U geseënde plan
om na die aarde te kom, 'n mens,
dat ek my deel kan doen

O Meester, ontmoet my waar U
die blinde red
wys my U leidende lig,
vir my oë behoue
dat ek U wonders
kan aanskou

O Verlosser, ontmoet my by die see
waar skares na U luister
U woorde van liefde wil ek hoor,
U belofte van 'n huis bo,
te weet my sondes is versoen

O Jesus, ontmoet my by die put
waar U lewende water vloei,
dat ek kan drink
ewige genesing vind
na niks meer dors

O Meester, ontmoet my by die Kruis
waar U vir my gesterf het
soos Maria, by U te bly,
by die graf waar U lê
die olies te voorsien

O Verlosser, ontmoet my by die hek
van U ewige tuiste,
reik na my U liefdevolle hand
lei my na U beloofde land
dat ek nooit verdwaal.

Stop!

Wanneer stormwolke kook rondom my
en weerlig skeur deur my siel
huilende winde my verwaai
golwe soos die see my verswelg,
en my hart gevul is met vrees
vind ek soete vrede en troos
wanneer ek stop en bid
Wanneer dinge van die lewe my beskaam
en my geloof swak is
my getroue vriende my verraai
en my hart seer is,
die nag swart en eindeloos is
en ek verlang na lig van dag,
het die silwer deurgebreek
toe ek kniel en bid
daar is dinge buite die Hemel
wat ek nie kan verstaan,
maar ek weet God is lewend;
Hy hou my hand
Hy waak oor my dag en nag
Hy is altyd daar,
Ek moet net stop en bid.

Stormanker

Op die donkerste stormsee van die lewe
wanneer die ergste rampe ontvou,
daar, in die midde van onrus en stryd
is 'n anker wat altyd hou
in die vallei van donker skaduwee se dood
roep ek tot God en Hy sal hoor
my gees is opgehef en ek weet
my liefdevolle Trooster is naby
onder probleme, seer en trane
het God 'n fondament gelê,
en al kom gevaar,
rus ek in Christus, ek is nie bang
maak nie saak hoe rof die pad,
of watter probleme ontvou,
Die Here is my Herder en my verblyf
Jesus, die anker van my siel.

Vertel my die verhaal van Jesus

Vertel my van Jesus,
skryf elke woord op my hart
kosbaarste,
soetste wat ek ooit gehoor het
vertel hoe die Engele in 'n koor,
sing toe hulle Sy geboorte verwelkom
"Eer aan God in die hoogste hemele!
Vrede en goeie tyding op die aarde. "
vertel van die kruis waar hulle Hom vasgenael het,
in angs en pyn
vertel van die graf waar hulle Hom neergelê het,
dat Jesus' steeds lewe
liefde in die storie so sag,
duideliker as wat ek ooit kon sien.
vertel, en laat my huil terwyl jy fluister,
Liefde se losprys vir my.

Heilige Trooster

U Gees vul my
 rustig
 versigtig
lei my gedagtes met delikate bewegings
U warmte in die palm van my hand
het my sprakeloos
in die poel van psalms by U voete
U seën die altaar van my hart met God se vlam
wat helder skyn uit my oë
U versamel die as van my pyn
en strooi dit wyd in die wind
U Gees lei my
 so stil
 so noukeurig
wanneer die swart uur kom
sal ek op U leun in die donker.

©**Maryna de Wet**

Môre is Sondag

Môre is Sondag
'n dag
om stil te word
te rus
om seëninge te tel
weer mens te word
'n dag om nie te mors
op die ou wêreld
en sy gelddors.
Heer, maak my nou rustig,
vir die nag wat wag
môre
wink 'n splinternuwe dag
om te lewe
lief te hê
te lag
want ons lewe
in, en deur,
U genade
en U krag.

Kersfees-Sonnet

Ek wil vanaand so graag 'n sonnet skryf
om eer aan U te bewys
sal U die pad vir my wys? -
want ek is nuut in die sonnet-bedryf.

Ek wil 'n spoggedig skryf
oor Josef en Maria se reis
en die manne uit die Ooste, so wys
wat die ster volg, soos hy verskuif.

Maar die woorde skiet te kort
om U genade te verwoord
of my dankbaarheid uit te stort.

Want wat sou tog van ons word
sonder die Kersverhaal se goue koord?
ons eie kragte skiet so ver te kort ...

Vernedering

Voel jy soms jy word verneder?
dink aan die doringkroon wat Christus,
die seun van die koning,
moes dra
oor jou sondige verlede
en jou hart sal verteder,
jou wrok sal opklaar.

Gebedsuitkoms

Soms bid jy
vir uitkoms op 'n probleem
Bid jy:
"Heer, U het my alles ontneem."
jy staar vas
teen jou krisisse en probleme
gaan bitterlik aan't wene
maar staar
jou teen die probleem so blind
dat jy nooit
God se antwoord
sien
of vind.

©**Riana Crafford**

Habakuk belydenis

al ... is my woorde baie en soms onberymd, soos 'n
wolkbreuk se geweld wat bars uit die grond
al ... voel ek soms dat my lewe in die dryfsand van die
lewe wegsink en daar is nie een 'life bouy'
al ... worstel ek met die Engel van YAH soos Jakob om
deur te breek uit my verlore dae
al ... tas ek rond in die donker op soek na 'n nuwe môre
en die son nie deurbreek oor die horison
al ... het ek nie altyd Salomo se wysheid en maak soms
vreeslike flaters
al ... bly ek nie in 'n kasteel soos Koning Dawid, en ek het
nie 'n Ferarri in my garage

Nogtans ...

sal ek op die 'high road' bly en die goeie stryd stry
sal ek soos Dawid aanbid en in Sy poorte bly
soos Miryam met simbale in die woestyn dans
sal ek saam met Yeshua op water loop
bely en op die Ewig Lewe bly hoop

Want ...

vir mý het Hy Sy lewe gegee
 uit die dood het Hy opgestaan
die oorwinning oor sonde en dood behaal,
Sý genade en liefde is genoeg vir my

Ichabod

verdwaal staan ek alweer
waarheen nou my Heer
doodloop straat nog 'n keer

my siel roep uit in winterkou
dit byt en knaag in bitter rou
warm asem vorm druppels dou

wurggreep van my hart's verdriet
wat druppels uit my hart uit giet
beloftes wat geen toekoms bied

jy was toe reg toe jy vir my kom sê
ek weet nie wat in die toekoms lê
jy kon nooit sê wat jy regtig wou hê

sinsgrepe wat jou hart oop breek
woorde wat luid en hard spreek
ons lente het nooit aangebreek

die laaste maal laat ek my oë dwaal
deur ons foto's en ek my hart staal
voordat ek dit in die vuur laat val

tot as verbrand die liefdesband
my siel groet in hartseer opstand
seer druppend uit my hart se wand

met hande smekend na bo gerig:

"Laat dit asseblief wees o Heer,
die laaste keer"

Katedraal van kindwees

My wese gekwas met kleurvolle hale
gedrup in die kleure van my lewe,
tree ek oor die drumpel van kindwees,
vertoef ek daar met 'n heilige besin

in hierdie kinderkatedraal van onskuld,
skryf ek graffiti teen hartkamer mure,
onderwerp ek my aan die proses
van die Meester pottebakker se hande

in die onskuld van my kindwees vlerk my gedagtes
opsoek na goue antwoorde,
verwyl ek somerdae in die koelte van die reëndruppels se
oorvloedige genade

woorde word minder en stilte lê in my wese,
opgebreek tussen gebeure wat klink soos staccato
akkoorde, het my siel stil geword,
sak ek op my knieë voor 'n Alwyse Vader

neem my lewe en skilder U meesterstuk
vorm my hart soos U dit wil en beskik,
skryf U naam op die mure van my lewe
terwyl U woorde resoneer deur my wese

as U nie omgee Heer, mag ek weer hier
in my kindwees katedraal vertoef by U?
Hier waar U lief hê, my vorm en leer,
U genade my hart en my wese beleër

en ek wonder, huil engele ook o Heer?

Wintergeloof

Solank as die aarde bly staan het U gesê:

nou is ons weer in die winter my Heer
die aarde het weer skuins op sy as
gemaak dat die son ver noord gaan draai

so is daar nou winter in my hart o Heer
weerloos teen die aanslag van winterkou
najaarswinter in elke sel in my lyf gevou

my geloof het wintersvoete gekry my Heer
die langasem nagte sinsbedwelm my dink
weerloos-broos verkil soos 'n wilger se tak

druppels wasem-asem vorm teen die ruit
druppend-plof op koue leiklip vloere neer
Benedictus huil-snik in die laatnag-ure

ek krul tussen die note van die viole op
en my hart hunker na 'n knetter-kaggelvuur
die innige, in U wees sonder die eina-seer

wanneer gaan dié seisoen draai my Heer,
amandelbloeisels ontvou in maagdelikheid
voorjaar blosend-juigend uit winter soog

~liefde uit U gebore, my hart en sinne vind~

Yeshua - God van liefde

wát is die mensekind
dat U nog bemoeienis maak?
op my knieë het ek neergeval
hande wat aan die hemel raak ...

na die donker doderyk
het U siel neergedaal
'n bloedige oorwinning
het U daar oor satan behaal

triomfantlik het U uitgestal
donker magte mee gespog,
meesterlik het U divisie
kom maak in hierdie epog

na die paradys het U gegaan
om te getuig van 'n keuse
gebring op die skedelkop
'n bruid, gebore uit U wese

'n witgewaste sondaar
U eerste bloedgewaste kind,
die eerste gerf* het U
gepluk en saamgebind

triomfantlik het die
eerste grafte oopgebars,
wat is hierdie mensekind
dat U tog ook aan hom dink?

lank terug het U hul gemaak
na U beeld en U gelykenis
U asem in hulle in geblaas
'n lewende tempel gewis

"Weet julle nie dat jul gode is?"

Oorwin het U, die angel uitgehaal

Wát ... is hiérdie meisie-kind
dat U ... tóg ... ook aan mý dink

*Eerste gerf - wuifoffer wat die Hoëpriester maak voor God, om
die res van die oes heilig te verklaar.

©Rika Tomé

Gees Ode

Hart-flenter hoop, donker die reis,
gees huiwer vlietend bo liggaam se eis,
lig teen donker, liefde teen vrees,
ylend verhaal van gister se wees,
siel weerkaats vuur, vlammend verdriet,
magies heelal, ster wat verskiet,
leeg is die blik van gister se nou,
koud is die hart, vuishou van wou,

verwoed die geveg tussen môre en grou,
aan rant se kant van donker-woud kou,
Sy hand uitgestrek, Sy blik vooruit,
paadjies getraan op wasem-dof ruit,
engel-gees lig, pad in die woud,
haar liggaam bly agter, warm na koud,
omdraai-blik oomblik na agter gerig,
haar gees in Sy arms, helder die lig,

woud-arms vou, verskans storie-skyn,
van liefde onthou, van wanhoop en pyn,
oorlog gewoed, storie verflou,
teen oggendlig-glans van solder onthou,
veilig beskut in arms van goud,
hemelgees vlietend, flonkerende woud,
Sy blik doelgerig, omarmend haar gees,
Sy voete se plek, geskei van haar vlees.

©Roenell Breedt

In gesprek

Here is ek 'n verdroogde wingerdstok
my geestesvrugte voel verstok
soos rosyntjies al die sap uitgepars
net die verkreukelde verdroogde uitskot
oorgebly as 'n nagedagtenis
van volronde vet uitgeswelde druiwekorrels

hoe kan ek U dien met woord en daad
as dit voel asof U my verlaat
Heer U ken my hart
hoor my sien my en lei my
versterk die geloof binne my
verlig my moedelose hart

Liewe Jesus ek kniel soos 'n kind by U
in alle nederigheid buig ek neer
ek gee oor daar is geen verweer
smeer salwende olie aan my seer

vou my toe in troos
verlos my van alles boos
snoei my dorre takke weg
baan vir nuwe groei die weg.

Vir my

Vir my het Hy gesterf
sodat ek die ewige lewe kan erf
hoe kosbaar moet ek nie vir Hom wees
dat Hy te midde van soveel pyn en vrees
bereid was om smaad en hoon te verdra
al was ek nog nie eers in my moederskoot gedra

Hy het nog nie eers my naam geken
maar het die stryd vir my gewen
om deur Sy bloed vrygekoop
my lewenspad te kan loop
ek is net 'n nietige mens vol sonde
wat Hy skoon was met bloed uit Sy wonde

my dankbaarheid ken geen perke
vir Sy wonderlike werke
aan die kruis op Golgota het Hy met Sy lewe betaal
sodat ek kan praat oor Sy verhaal
lofliedere tot Hom kan sing
vir die genade wat Sy dood kon bring.

Dit is volbring

Oorweldig en verwonderd
staan een uit elke honderd
vandag na die grootste wonderwerk
want ons verbeelding is so beperk

ons sukkel om te verstaan
hoe iemand deur soveel leiding kon gaan
gewillig om met Sy lewe te betaal
dit is nie die einde van die verhaal

die verhaal word wonderbaarlik omgekeer
want Jesus staan op en lewe weer
na drie dae het Hy opgestaan
die dood het Hy verslaan

hoe groot is die wonderwerk
die basis van elke kerk
vergifnis onvoorwaardelik gegee
toe die voorhangsel skeur in twee

as bemiddelaar sal Hy altyd staan
Hy wat menslike swakheid so goed verstaan
Vandag beteken vir my ons sondes word vergewe
Hy het gesterf Sodat ons kon lewe

dankbaarheid sonder grense
vergifnis vir alle mense
in 'n volmaakte kring
is die belofte volbring.

Daardie dag

Op die bepaalde dag
het Hy geweet wat om te verwag
Hy het geweet van pyn wat kom
Hy sou Sy lewe gee vir die mensdom
nogtans het hy nie teruggedeins
Sy dapperheid was nie geveins

Hy het die swaar houtkruis gedra
geen een se hulp gevra
dorings het in Sy hoof gesteek
Sy liefde vir die mensdom het Hom gebreek
Hy het elke oomblik van pyn gevoel
dit was die lot vir Hom bedoel

aan die kruis het Hy gehang
trane, sweet en bloed het geloop oor Sy wang
Vader hoekom het U my verlaat
net voor die lewe Hom verlaat
op Golgota het drie kruise gestaan
toe die son daardie dag ondergaan.

©Salome Opperman

Vaderhart-liefde

met 'n vreesgevulde hart
geskeur in halwe kwarte
bring ek my seerste smarte
(as iets kosbaar)
styf gebal in vuil hande-
swart besmeer...
na my hemelse Vader
wie se blik ek vermy
n-e-e-r-g-e-b-o-ë

Sy teleurstelling
gaan te groot wees vir my
behalwe, as dit nie
Sy oë van afkeuring is
wat voor my dans,
maar die vader van leuens
wat my ouerloos wil hou
die "g r o o t m e n s" in my
onthou my heel vroegste kinderwens:
om op my aardse pappa
se skoot te sit...

Alleen Hy is goed
wat die hemel nie kan bevat
ek leun teen Sy enigste Seun
se bors, terwyl ek onbeheers ween...

my vrymoedigheid keer terug
om te onderskei tussen been en murg
my hemelse Vaderhart-liefde
maak my stukkende siel wéér heel

...wat ek met die hele wêreld
wil d-e-e-l!

Wie is bereid?

Wie is bereid om sy skoene uit te trek
en kaalvoet te staan op heilige grond?

Wie is bereid om te ly ter wille van Sy Naam
en geregtigheid?

Wie is bereid om homself te verloën,
sy kruis op te neem en Hom te volg?

Here Here, hier is ek

gehawend én geslyt neergevly voor U voete
durf ek nie opkyk

Maar wie is ek om voor U te staan,
sonder om morsdood neer te slaan
vanweë U heerlikheid?

Maar Here Here,
wie is ek dat U so met my handel
dat ek voor U aangesig kan wandel?

Maar Here Here,
wie is ek dat U my
by die naam ken en roep...volg my!

Heilig, heilig, heilig is U Naam...
loofprys-eer my mond en hart altesaam

Veillig, veilig verborge is ek
hier in U teenwoordigheid!
Hoe vergewe ek sewentig maal sewe?

Hoe draai ek my ander wang
en seën hom wat my vervloek?

Hoe bid ek vir wie my haat?

Soos U

wat U l-i-e-f-d-e hierin bewys het,
dat U ons eerste lief gehad het,
toe ons nog U vyande was

Here Here, hier is ek?

©Tertia Bouwer

Beskerming

U is my Herder
  U sorg vir my
as vyande dreig
beskerm U my
  ek is omring
met 'n muur
  van
    vuur

pyle van satan
kan my nie raak
U luister na my
oordek my met bloed
hoor my gebed
as ek roep om hulp
          in nood
sal U my red

dankie vir oorwinning
  in Jesus se Naam
El Shaddai
  Adonai
    SHALOM

Psalm 23
(verwerking)

U is die enigste Herder
  wie se stem ek ken
    ek
een van die skape
deur U beskerm
onder U liefde en troue sorg
wanneer vyande dreig
om my te storm

U bring vrede wanneer storms woed
lei my in groene weide
waar ek rus vind vir my gemoed
ek vlei my neer op sagte gras

U hou my veilig teen u bors vas
  by koele waterstroom
    ek is die eregas
  dis voorwaar
nie net 'n droom
ek gaan vir ewig
  by U woon

©Trudie Papenfus

Alles nuut

dink net hoe manjifiek
dink net hoe eksentriek
dit sal wees met alles nuut
en ons gaan vry wees
saam die Heilige Gees
God se Almag sal oor ons skyn
see en son gaan verdwyn

ons gaan almal by God bly
elke dag saam Jesus wees
in die teenwoordigheid
van die Heilige Gees
pyn en lyding gaan verdwyn
Hy droog elkeen se trane af
ons gaan 'n nuwe liggaam hê
die oue het ons afgelê

ons sal by Jesus se voete sit
ons sal saam met Hom bid
ons geloofslewe sal vernuwe
want nyd en haat is vergewe
die blomme bome en berge
gaan van God se Almag getuig
ons gaan saam die engele getuig
ons gaan almal voor God buig

Hy gaan sit op Sy troon
ons gaan almal daar woon
saam sal ons antwoorde vind
almal van ons is aan Hom verbind
saam gaan ons dik stukke gesels
Hy gaan ons almal omhels
ons gaan Hom loof en prys
daar in die Vaderhuis.

So groet ons

so groet ons een vir een
staan elkeen alleen
staan ons voor die troon
word ons beloon

met God se teenwoordigheid
Sy majesteit
was dit nou jou beurt
niks verkeerd

jou stem is stil
was dit God se wil
het jy huiswaarts gegaan
gaan jy nou by Jesus staan

ons gaan jou mis
dit is gewis soos dit is
dit was lekker om jou te ken
jy het ons nou gewen

jy sal altyd woon in ons hart
is ons nou in smart
jy het vertrek
na 'n beter plek

dit is totsiens
tot wedersiens
dit gaan jou goed
tot ons weer ontmoet.

Hoe genade lyk

Jesus vergewe ons onvoorwaardelik
Hy wil hê ons moet ander vergewe
uiterlike vergifnis lyk vir elkeen anders
ware vergifnis behoort deernis en medelye te wys

aan diegene wat ons seer maak
vergifnis is nooit maklik nie
dit kan oorweldigend en onmoontlik voel
barmhartigheid beteken om iemand vergifnis en deernis
te wys

al maak ons aanhoudend foute
al ervaar ons verwerping
Hy is altyd daar vir ons
Hy het Sy enigste Seun vir ons gestuur

Sy liefde is so groot
ons kan dit nie verwoord
al het ons nie liefde verdien nie
God het dit aan ons gebied

almal kry onbeperkte genade
onverdiende barmhartigheid
kry ons verniet
daarom moet ons barmhartigheid bewys
verander jou uitkyk op die wêreld

jou seer het jou gevorm
Jesus wil jou bevry van jou verlede
verander jou houding teenoor ander
jy moet deur jou pyn werk
dit is 'n proses waardeur elkeen moet gaan
ons moet genade aan ander betoon
want Jesus toon ons onbeperkte genade

deursoek jou hart gee al jou seer aan Jesus oor.

©VonVillon

Eenvoud

As lig donker is,
wanneer duister
die pad aandui,
heet liefde haat
en verdwaal jy.

God is 'n digter

God dig op die
mens se siel
'n doek
wat nooit
sal vergaan nie
en die gedig
is jy ...

God is

ek het vir God gevra
wat dit is wat buite ons heelal is
Hy het geantwoord dat dit Hy is
ek het gevra wat dit is
wat buite Hom is
Sy antwoord was
dat daar buite Hom
niks is
ek het nie verstaan wat niks is nie
en wou weet of niks iets is
wat nooit was nie
Hy het gesê dat in niks
daar selfs nie 'n kans is
om te kon wees nie
ek het gedink
dis wanneer jy dood is
God het herinner
dat dood nie sonder
lewe kan wees nie
en dat in niks
daar selfs nie 'n kans is
om te kon wees nie
ek het toe verstaan wat niks is
dit is waar alles nie is nie
Sy antwoord was
dat daar buite Hom
niks is
om te weet wat niks is
is om te weet
dat daar niks sonder
God is.

Hemellig

skyn skerp en puur
my offer in Jou vlam geblus
skenk die stille donker
in stilte is daar vrede
in vrede vind ek rus

môrerooi glans
uit die swart as
brand 'n Feniks
weer sterk
sy helder vuur

ek sal ook.

Rus

afrikaner kind van God
sonder vrede
sonder rus
weggedraai van
waarheid
en het vergeet
wie jy is

verdwaald
verarm
verlore
nader tot Hom
die belofte
om jou te vind
in Sy weë
is jou krag
en naam geleë

afrikaner God se kind
sonder vrede
sonder rus
omdat jy vergeet
wie Hy is.

Nawoord

Uit dieptes gans verlore, bly ons soekend na die Lig. Ons leef in onsekere tye en bly glo in hoop! Hoop dat ons môre 'n beter dag en toekoms sal hê.

Lewende Water, die bundel, gee ons daardie hoop want onse Heer is getrou en sal ons nie verlaat nie.

Lewende water

Vanoggend
lê ek my psalm
teen die hemel neer
waar watte-sag wolke
die hemel klee

my hart is herdoop
in die Lewende Water
en ek eggo
die klank wat my siel uitbring

ek omsirkel die vreugd'
om my Heer te ken
en loop ek elke dag op Sy waters
wat my die lewe bring.

Heleen Malherbe